홈빌더 부부 시리즈

소통하는 부부

게리 & 바바라 로즈버그 공저

홈빌더 부부 시리즈_ 소통하는 부부

2014년 12월 1일 초판 발행
2023년 1월 31일 5쇄 발행

지 은 이 게리 로즈버그, 바바라 로즈버그
편 집 자 데니스 레이니
발 행 처 순출판사
감   수 CCC Family Life
디 자 인 (주)아이엠크리에이티브컴퍼니
일러스트 (주)아이엠크리에이티브컴퍼니
주   소 서울시 종로구 백석동 1가길 2-8
전   화 02)722-6931~2 팩 스 02)722-6933
인 터 넷 http://www.kccc.org
등록번호 제 2020-000159 호

값 5,000원
ISBN 978-89-389-0304-4

본서의 판권은 순출판사에 있습니다. 무단 전재 및 복제를 금합니다.
책 내용과 관련된 문의는 한국대학생선교회_CCC Family Life (02-397-6385)으로 문의 바랍니다.

Originally published in the USA
By FamilyLife Publishing®, Under the Title
Homebuilders Couples Series®: The Art of Marriage® Connect / Improving Communication in your marriage
Copyright © 2014 By Dennis and Barbara Rainey
FamilyLife® is a ministry of Campus Crusade for Christ

여호와께서 집을 세우지 아니하시면 세우는 자의 수고가 헛되며
여호와께서 성을 지키지 아니하시면 파수꾼의 깨어있음이 헛되도다

시편 127:1

초대의 글

'홈빌더 부부 시리즈'에 여러분을 초대합니다.

잠언에 "마른 빵 한 조각을 먹으며 화목하게 지내는 것이, 진수성찬을 가득히 차린 집에서 다투며 사는 것보다 낫다"는 말씀이 있습니다. 그래서 어떤 이는 행복한 가정은 미리 누리는 천국이라고까지 말하기도 했습니다(R. Browning). 뒤집어 말하면 행복하지 않은 가정은 천국의 반대요, 행복의 반대요, 화목의 반대를 경험하는 것이 되고 맙니다. 세상의 많은 일은 우리의 뜻대로 되지 않을 수 있습니다. 그러나 그와는 달리 가정만큼은 부부에게 화목하고 행복한 천국으로 만들어 나갈 수 있는 특권과 권한이 주어져 있습니다. 그런데 불행하게도 많은 가정이 그것을 누리지 못하고 있습니다.

그에 대한 간단한 이유 중 하나는 훈련을 받지 못했기 때문입니다. 사실 어떻게 대화하는지, 어떻게 경제적인 이슈를 다루어야 하는지, 어떻게 갈등을 해결해야 하는지, 어떻게 서로 동행하는지 등의 교육은 어디에서도 시켜주지 않습니다. 그렇다고 대부분의 경우 좋은 모델을 보고 자란 것도 아닙니다. 그러다 보니 가장 행복해야 할 가정이 갈등의 온상이 되는 경우가 왕왕 있게 되는 것입니다.

물론 시편 기자가 말하고 있듯 하나님께서 집을 세우지 아니하시면 세우는 자의 수고가 헛됩니다(시 127:1). 모든 것이 하나님의 주권 하에 있다는 데에는 가정도 예외가 될 수 없습니다. 분명한 것은 인간을 위한 하나님의 최초의 축복이 가정이며, 하나님께서는 현대인들의 깨지고 지친 가정을 회복하기를 원하실 뿐 아니라 이전보다 더 멋진 가정으로 만들기를 바라신다는 것입니다.

하나님께서 이루고자 하는 행복한 가정을 세워가는 원리를 담고 있는 '홈빌더 부부 시리즈'에 여러분 모두를 초대합니다. 이 시리즈는 미국 Family Life에서 다년간 많은 가정을 일으켜 세운 훌륭한 교재입니다. 모든 부부가 공통적으로 가진 문제들을 함께 나누며 여러분의 가정을 멋지게 세워가기를 소원합니다. 또한 자신의 가정뿐 아니라 다른 가정들도 함께 세워가기를 축복합니다. "Come and help change all the families in the world!"

CCC 대표 박성민

Homebuilders

'홈빌더 부부 시리즈'를 사용하는 분들께

부부는 서로 기쁨을 주고받는 대상이지 견뎌야 할 대상은 아닙니다. 남자와 여자 두 사람이 만나 서로 열정적으로 헌신하고 이해하며 은혜로 사랑하는 활기찬 관계가 바로 부부입니다. 하나님은 남편과 아내 사이가 사랑으로 견고해지기를 열망하십니다. 그래서 하나님은 그런 부부의 모습을 통해 교회를 향한 그리스도의 사랑이 얼마나 크고 깊은지를 보여주기도 하십니다(에베소서 5:25-33).

여러분은 어떤가요? 하나님이 원하시는 모습 그대로 사랑하는 부부인가요?

사람들은 시간이 흐르면서 서로 멀어져가고 관계가 소원해지기도 합니다. 부부관계 역시 마찬가지입니다. 하지만 그것은 서로의 관계를 잘 가꾸고 다듬지 않았을 때의 일입니다. 우리의 선택에 따라 무미건조한 부부 사이가 되지 않을 수 있습니다. 이것을 위해 부부간에는 더 많은 관심이 필요한 것인지도 모르겠습니다.

바로 그 관심이 이 '홈빌더 부부 시리즈'를 기획하게 된 목적입니다. 우리는 부부가 서로의 필요와 욕구를 어떻게 관심을 갖고 돌아볼 수 있는지 그 방법을 제공하려고 합니다. 하나님은 성경을 통해 사랑으로 견고하게 맺어진 부부의 모습을 보여주셨습니다. 이 교재는 그런 성경의 내용에 기초해서 부부들을 위한 소그룹 학습용으로 만들어졌습니다. 하나님의 계획은 남자와 여자가 서로 만족하는 관계가 되도록 함께 성장하고, 그리스도의 사랑으로 서로에게 다가가도록 하는 것이었습니다.

Homebuilders

만일 부부관계에서 이런 하나님의 계획을 무시한다면 지독한 소외감을 느끼게 되거나, 많은 경우에서처럼 더 방치하면 부부의 관계가 깨어질 수도 있습니다.

당신의 부부관계가 어떤 상태에 있는지, 완전한 변화가 필요한지 그저 약간의 도움만 필요한지 모르겠지만, 당신 부부를 향한 하나님의 계획이 어떤 것인지 알아볼 수 있기를 원합니다. 성경이 쓰인 지 2000년이 지났지만 여전히 성경은 부부관계에서 남편과 아내가 넘어야 할 갈등과 도전에 대해 분명하고 힘 있게 말하고 있습니다.

꼭 소그룹에 소속해야 하나요? 우리 부부만 공부하면 안 될까요?

물론 이 교재는 부부 두 사람만 공부해도 가능합니다. 그러나 그렇게 되면 다른 사람의 경험에서 배울 수 있는 교훈과 그룹원들과 연결될 기회를 놓치게 됩니다. 이 교재에 있는 질문들에서 여러분은 자신의 배우자에게 더 가까이 다가갈 수 있도록 도움을 받을 수 있으며, 또한 그 질문들은 함께 공부하는 부부들과 따뜻한 교제를 나눌 환경과 서로의 마음을 열 수 있는 계기를 만들어줄 것입니다.

홈빌더 그룹 리더에게 필요한 자질은 무엇인가요?

그룹 리더가 되는 것은 생각보다 훨씬 쉽습니다. 왜냐하면 리더는 참가자들이 토론하도록 이끄는 진행도우미의 역할만 하면 되기 때문입니다. 리더는 교재를 가르치는 것이 아니라 참석한 부부들이 성경의 진리를 발견하고 적용하도록 도울 뿐입니다. 특별히 홈빌더 그룹이 역동적인 이유는 서로에게서 배우는 부부들의 상호작용 때문입니다.

홈빌더 리더들을 위해 필요한 정보와 안내는 'cccfamilylife.org/홈빌더 가이드'에서 찾을 수 있습니다.

대체적인 일정은 어떻게 이루어지나요?

'홈빌더 부부 시리즈'의 대부분은 6과에서 8과 정도로 구성되어 있으며, 각 권의 안내서에 있는 과의 수에 따라 다릅니다. 각 과를 진행하는 데는 90분 정도가 소요될 것이며, 중간에 부부가 공동으로 해나갈 과제가 있습니다.

소그룹 모임에서 자기 부부생활에 대해 이야기하는 것은 위험하지 않을까요?

소그룹이라는 환경은 즐겁고도 정보를 얻을 수 있는 자리여야 하며, 당연히 위협적이지 않아야 합니다. 기본 규칙 4가지를 잘 지킨다면 소그룹 모임에서 모든 그룹원들이 편안함을 느끼고 많은 것을 얻을 것입니다.

1. 배우자를 당황하게 할 이야기는 피하십시오.
2. 답하고 싶지 않은 질문에 대해서는 그냥 넘어가도 됩니다.
3. 홈빌더 과제를 부부가 함께 완성하십시오.
4. 모임에서 나눈 이야기는 비밀을 유지하십시오.

Author Introduction

저자(Authors)

게리 로즈버그 박사와 부인 **바바라 로즈버그**는 수상경력이 있는 저자들이면서 인기 있는 라디오 진행자, 결혼 세미나 강사다. 두 사람은 함께 '미국 가정 코치 사역부'를 설립했으며 또한 '위대한 결혼 여정'(The Great Marriage Experience)이라는 독특한 과정을 통해서 다양한 자료, 이벤트, 도구 등을 가지고 수많은 부부들과 교회들이 평생에 걸쳐 결혼생활을 건강하게 성장시켜갈 수 있도록 돕고 있다.

편집자(General editors)

데니스 레이니는 FamilyLife(CCC의 한 사역)의 공동 창립자이자 대표이며, 달라스 신학교를 졸업했다. 35년 이상 그는 부부와 가족 문제에 관한 강연을 하고 글을 써왔다. 1976년부터는 잘 알려진 '주말 부부세미나'(Weekend to Remember marriage getaway)를 포함하여, FamilyLife의 다양한 전도 자료의 개발을 총지휘하고 있다. 또 전국적으로 방송되는 라디오 프로그램인 FamilyLife Today®의 진행자이기도 하다. 그와 그의 아내 바바라는 슬하에 6명의 자녀와 17명의 손자 손녀들을 두었다.

Contents

'홈빌더 부부 시리즈'를 사용하는 분들께 ·········· 06
'소통하는 부부'에 대하여 ·········· 12

1과 소통을 가로막는 문제들을 이해하라 ·········· 14
2과 관계에 우선순위를 두라 ·········· 26
3과 의사소통의 기술을 배우라 ·········· 40
4과 갈등의 고리를 끊으라 ·········· 52
5과 인생의 시련기를 이기는 의사소통 ·········· 70
6과 영적으로 친밀해지라 ·········· 86

이제 어떻게 할 것인가? ·········· 96
우리의 문제에 대한 하나님의 답변 ·········· 98

'소통하는 부부'에 대하여

다양한 설문조사와 자료들에 의하면 부부 사이에서 가장 힘든 점이 바로 소통의 문제라고 합니다. 결혼한 부부가 소통의 어려움을 느끼는 데에는 그다지 많은 시간이 걸리지 않습니다. 연애를 하고 결혼을 약속하는 단계에서 두 사람이 느꼈던 그 가슴 설레던 감정들이 흐릿해지면서 이제 갓 결혼한 부부는 차가운 현실에 눈을 뜨는 경우가 꽤나 있습니다. 그들은 이렇게 호소합니다. "결혼하기 전과 달라진 것 같아요. 예상했던 것보다 의견 차이가 훨씬 더 커요. 게다가 어떻게 이 문제를 다루어야 하는지도 모르겠어요."

이 책에서 여러분은 자신의 의사소통 방식, 즉 부부가 서로 어떻게 대화할 것인가, 어떻게 상대방의 이야기에 경청할 것인가, 어떻게 갈등상황을 직면할 것인가 등에 대해 배우게 될 것입니다. 또한, 그러한 과정에서 배우는 즐거움을 얻을 것입니다. 왜냐하면 다른 부부들도 마찬가지로 같은 문제를 가지고 있음을 알게 될 것이고, 그 부부들과 함께 이 과정을 공부할 것이기 때문입니다.

이 책의 저자인 게리와 바바라 로즈버그 부부보다 이 과정을 더 잘 안내할 사람은 찾기 힘들 것입니다. 그들은 여기서 배우는 원리들이 효과가 있다는 것을 잘 압니다. 자기 가정부터 변화를 겪었으며, 또한 이 원리들이 하나님이 원하시는 부부가 되도록 수천 명의 사람들에게 영향을 주는 것을 목격했기 때문입니다.

우리는 여기서 배우는 원리들을 통해 여러분이 결코 끝나지 않을 여정, 즉 부부의 하나 됨을 향해 가는 여정에 동참하시기를 기도합니다.

- 데니스와 바바라 레이니

1과
소통을 가로막는 문제들을 이해하라

건강한 결혼관계를 세우기 위해서는 원활한 의사소통이 있어야 합니다. 그리고 원활한 의사소통을 위해서는 그것을 방해하는 요소들이 무엇인지 이해해야 합니다.

 마음 열기

결혼이라는 사고를 친 부부들

지금은 각 부부가 자신들을 소개하는 시간입니다. 다음 질문 중에서 한 가지를 선택하거나 두 질문 모두에 간단히 답해주세요. 하지만 서로에게 부정적이거나 배우자를 당혹스럽게 할 내용은 삼가해주십시오.

● 두 사람이 서로 상대방과 다른 점을 한 가지씩 이야기하되 웃어넘길 정도의 가벼운 이야기를 나누어주세요.

● 실제 생활이나 TV, 혹은 영화에서 다른 부부가 오해(의사소통이 잘못된 경우)에서 비롯된 소동이나 웃음을 자아냈던 장면이 있다면 말해주세요.

 청사진

관계 안에 있는 사람들은 누구나 의사소통이 잘 되지 않는 시기를 경험합니다. 그런 시기를 극복하는 것이 부부에게 놓인 도전의 한 부분입니다. 그러나 불행하게도 자신들에게 어떤 문제가 있는지 이해하는 시간을 갖지 못하는 부부들이 많습니다.

최우선적으로 필요한 것

1. 부부들은 결혼생활에서 가장 필요한 것이 더 나은 의사소통이라고 고백합니다. 그렇다면 의사소통을 잘하는 것이 왜 그리 어려울까요?

2. 건강한 결혼생활에 꼭 필요한 것이 원활한 의사소통이라고 생각한다면, 그 이유는 무엇입니까?

홈빌더 원리

의사소통을 잘하는 것이 성공적인 결혼생활을 좌우한다.

의사소통의 장애물

3. 가정에서 흔히 발견되는 소통의 장애물은 서로의 의사소통 방식이 달라서 생기는 경우가 많습니다. 일반적으로 여자와 남자의 의사소통 방식은 어떻게 다릅니까? 그리고 내성적인 사람과 외향적인 사람의 의사소통 방식은 또 어떻게 다릅니까?

4. 현대인은 너무나 바쁘게 살아갑니다. 그것이 부부의 원활한 의사소통을 방해하는 걸림돌이 되기도 합니다. 분주한 일상의 스트레스는 어떤 식으로 서로의 대화를 방해합니까?

5. 사람은 다른 사람의 행동을 관찰하면서 의사소통하는 법, 그리고 소통하지 않는 법을 배웁니다. 우리가 배웠던 의사소통 방법 중에서 가장 오래 남아있는 것은 대개 부모님으로부터 배운 것입니다. 당신의 부모님은 어떤 면에서 서로 잘 소통하셨습니까? 그리고 그분들이 잘하지 못한 것들은 무엇이었습니까? 친부모 밑에서 성장하지 못했다면 길러주신 양육자를 생각해보고 그분들의 방법에 초점을 맞춰보십시오.

6. 부모님께로부터 안 좋은 의사소통 방식을 물려받았다면 어떤 것이 있습니까?

의사소통의 걸림돌과 성경

7. 예수님도 의사소통의 걸림돌을 경험하셨습니다. 누가복음 10장 38-42절을 읽으십시오. 마르다는 무엇 때문에 예수님의 가르침을 듣지 못하였습니까? 그런 마르다의 문제에 대해 예수님이 제시하신 해결책은 무엇이었습니까?

함께하는 활동 (Picture This)

배우자와 마주 보고 서서 오늘 일어난 일 중에서 남편이나 아내에게 말하고 싶었던 것을 떠올리십시오. 이야기를 시작하기 전에 책을 펴서 두 사람의 얼굴 사이에 들어서 서로의 얼굴이 보이지 않도록 가리십시오. 책을 그대로 들고 1분 동안 이야기를 합니다. 그 다음에는 서로 역할을 바꾸어 같은 장애물을 두고서 배우자가 오늘 있었던 일을 당신에게 이야기할 수 있도록 하십시오. 2분이 다 지나면, 모임 참석자 전부와 함께 다음과 같은 질문을 가지고 이야기를 나누십시오.

- 장애물을 사이에 두고 이야기를 나눌 때 어떤 느낌을 받았습니까?

- 이 활동에서 느낀 경험을 통해 결혼한 부부의 의사소통이 어떤 식으로 방해받을 수 있는지 설명해보십시오.

8. 에베소서 4장 15-16절을 읽으십시오. 적절한 의사소통과 영적 성숙의 상관관계에 대해 어떻게 말씀합니까?

> "오직 사랑 안에서 참된 것을 하여 범사에 그에게까지 자랄지라 그는 머리니 곧 그리스도라 그에게서 온 몸이 각 마디를 통하여 도움을 받음으로 연결되고 결합되어 각 지체의 분량대로 역사하여 그 몸을 자라게 하며 사랑 안에서 스스로 세우느니라"(에베소서 4:15-16)

위의 성경 본문은 그리스도의 몸을 성숙하게 세우는 것에 관해 이야기하고 있습니다. 마찬가지로 부부의 관계를 세우기 위해서도 성숙함이 필요한데, 이를 위해서는 부부가 사랑 안에서 참된 것을 하기 위해 두 사람이 함께 힘을 모아야 합니다. 참된 것을 하기 위해서는 온몸이 소통하듯이 두 사람이 먼저 소통해야 합니다.

9. "사랑 안에서 참된 것을 하여"는 어떤 의미입니까? 사랑 안에서 첫 번째로 행할 수 있는 참된 것은 무엇일까요?

홈빌더 원리

배우자와 효과적인 의사소통을 하기 위해서는
열린 마음과 진실함이 있어야 한다.

뽀뽀 데이트

다음 모임 전까지 배우자와 함께 홈빌더 과제를 나누기 위한 데이트 시간을 정하십시오. 이 과제를 통해 깨달은 것이나 경험한 것 한 가지를 다음 시간에 나눌 것입니다.

날짜   **시간**

장소

홈빌더 과제

혼자 하는 과제

다음 질문에 답하십시오.

1. 이번 시간을 통해 당신 부부의 의사소통에 대해 알게 된 것 한 가지는 무엇입니까?

2. 당신과 배우자가 의사소통에서 느끼는 장애물은 어떤 것이 있습니까?

3. 다음 도표에서 자신의 의사소통의 강점과 약점을 평가해보십시오.

	전혀 아니다				가끔					항상
말로 사랑을 표현한다	1	2	3	4	5	6	7	8	9	10
진지하게 집중해서 듣는다	1	2	3	4	5	6	7	8	9	10
말을 너무 많이 한다	1	2	3	4	5	6	7	8	9	10
문제를 남김없이 말한다	1	2	3	4	5	6	7	8	9	10
상황을 논리적으로 토론한다	1	2	3	4	5	6	7	8	9	10
자신의 마음을 친밀하게 표현한다	1	2	3	4	5	6	7	8	9	10
자신의 목표와 꿈을 나눈다	1	2	3	4	5	6	7	8	9	10
스킨십으로 다정함을 표현한다	1	2	3	4	5	6	7	8	9	10
배우자를 격려한다	1	2	3	4	5	6	7	8	9	10
갈등 상황을 적절히 표현한다	1	2	3	4	5	6	7	8	9	10
갈등을 표현하길 회피한다	1	2	3	4	5	6	7	8	9	10
자신의 감정을 정직하게 표현한다	1	2	3	4	5	6	7	8	9	10

홈빌더 과제

부부가 함께하는 과제

1. '혼자 하는 과제'를 하면서 얻은 자신의 답을 배우자와 함께 나누어보십시오. 배우자가 자신의 의사소통의 강점과 약점에 준 점수에 대해 당신은 어느 정도 정확하다고 생각합니까?

2. 자신에게 효과적인 의사소통을 방해하는 장애물이 있다는 사실을 인정하는 것이 쉽습니까? 만일 그렇지 않다면 왜 그렇습니까?

3. 의사소통에 있어서 서로의 강점과 약점을 보완할 수 있다면, 어떤 식으로 가능하겠습니까?

4. 홈빌더를 하는 동안 의사소통에 있어서 자신의 어떤 면을 개선하고 싶습니까?

5. 의사소통의 장애를 극복하기 위해 다음 한 주 동안 당신이 실천할 수 있는 한 가지를 나누어보십시오.

6. 하나님께 기도하고, 필요하다면 죄를 하나님께 고백하십시오. 나의 의사소통을 개선할 수 있도록 하나님의 인도하심과 지혜 그리고 능력을 구하십시오.

달력에 '부부의 데이트'를 위한 날을 표시해두고 잊지 않도록 하십시오.

2과 관계에 우선순위를 두라

긍정적인 의사소통의 패턴을 개발하기 위해서는 부부관계를 다른 어떤 것보다 최우선에 두어야 합니다.

부부데이트 나눔

1과의 부부데이트 홈빌더 과제를 하면서 배운 것 중 하나를 나누어주세요.

 마음 열기

현대의 석기시대 가족

다음의 사례 연구를 읽고, 빈 칸을 어떻게 채우면 좋을지 나누어주세요.

> 은지는 짜증이 날대로 났다. 남편 민준은 매일 밤 회사 일을 끝내고 집으로 오면 TV 앞에서 프로야구나 게임 프로를 보느라고 엉덩이도 들썩이지 않았다. 저녁 내내 남편의 입에서 내는 소리라고는 음식물을 씹느라고 쩝쩝대는 소리밖에 없었다. 아기를 돌보는 일도 은지에게 떠맡기는 바람에 은지는 집안일에다 부모 역할까지 모두 혼자 감당해야 했다. 따라서 은지는 밤이 되면 너무 지쳐서 대개 민준이 침대로 오기도 전에 곯아떨어졌다. 한마디로 은지는 폭발 직전이었다. 마침내 어느 토요일 은지는 더 이상 참지 못하고 민준에게 쏟아붓기로 작심을 하였다.

다음 빈칸을 채워보십시오.

– 은지의 말:

– 민준의 응답:

– 은지의 대꾸:

– 민준의 말:

이제 다음 질문으로 토론해봅시다.

- 은지와 민준이 겪고 있는 의사소통의 문제는 어떤 것들인가?

　

- 부부 각자가 가진 우선순위가 두 사람의 의사소통에 어떤 영향을 미쳤는가? 또 두 사람의 관계에 어떤 영향을 주었는가?

　

- 은지와 민준이 의사소통을 개선하려면 어떻게 하면 되겠는가?

 청사진

관계는 살아있는 생명체와 같습니다. 관심을 기울이면 관계는 발전하고 무시하면 시듭니다. 건강한 관계를 유지하려면, 부부는 에너지와 시간이라는 귀중한 자원을 어떻게 사용하고 있는지 정기적으로 점검하고, 우선순위를 잘 따르고 있는지 자문해보아야 합니다. 결혼기념일은 두 사람이 함께 우선순위를 평가해보기에 좋은 시간입니다.

가장 귀중한 자원

1. 삶에서 받는 압박은 부부관계를 강하게 만들기 위해 필요한 시간과 에너지를 빼앗아갑니다. 그런 압박에는 어떤 것들이 있습니까?

2. 부부관계를 세워가는 것과 가정을 우선순위에 두는 것에 대해 다음 성경 말씀이 어떻게 연관되어 있습니까?

   ● 에베소서 5:15-16

   "그런즉 너희가 어떻게 행할지를 자세히 주의하여 지혜 없는 자 같이 하지 말고 오직 지혜 있는 자 같이 하여 세월을 아끼라 때가 악하니라"(에베소서 5:15-16)

   ● 빌립보서 2:1-4

   "그러므로 그리스도 안에 무슨 권면이나 사랑의 무슨 위로나 성령의 무슨 교제나 긍휼이나 자비가 있거든 마음을 같이하여 같은 사랑을 가지고 뜻을 합하며 한마음을 품어 아무 일에든지 다툼이나 허영으로 하지 말고 오직 겸손한 마음으로 각각 자기보다 남을 낫게 여기고 각각 자기 일을 돌볼뿐더러 또한 각각 다른 사람들의 일을 돌보아 나의 기쁨을 충만하게 하라"(빌립보서 2:1-4)

- 아가서 7:10-13

"나는 내 사랑하는 자에게 속하였도다 그가 나를 사모하는구나 내 사랑하는 자야 우리가 함께 들로 가서 동네에서 유숙하자 우리가 일찍이 일어나서 포도원으로 가서 포도 움이 돋았는지, 꽃술이 퍼졌는지, 석류 꽃이 피었는지 보자 거기에서 내가 내 사랑을 네게 주리라 합환채가 향기를 뿜어내고 우리의 문 앞에는 여러 가지 귀한 열매가 새 것, 묵은 것으로 마련되었구나 내가 내 사랑하는 자 너를 위하여 쌓아 둔 것이로다"(아가서 7:10-13)

_____

_____

3. 부부관계를 우선순위에 두는 좋은 모델이 되는 다른 부부를 본 적이 있습니까?

_____

_____

배우자와의 관계를 최우선에 두기

4. 부부관계를 우선순위에 두기 위해 최근에 어떤 일들을 했는지 나누어주세요.

_____

_____

5. 매일 배우자와 시간을 함께 갖지 못하게 하는 방해물은 무엇입니까?

6. 일상의 일정을 어떻게 조정하면 부부가 함께할 시간을 더 많이 가질 수 있습니까?

7. 결혼한 이후 두 사람이 함께 즐겁고 창조적인 데이트를 한 적이 있습니까? 그런 일이 두 사람 사이에 어떤 영향을 끼쳤습니까?

배우자에게 관심 가지기

8. 일에다 쏟는 집중력을 가족에게 쏟을 수 있다고 가정해보십시오. 그러면 가족에게 어떤 일이 일어날 것 같습니까? 또 직장에는 어떤 영향을 미칠까요?

9. 모든 관심사를 일에서 가족으로 옮기는 일은 거의 불가능해보입니다. 어떻게 하면 당신이 가정생활에 더 많이 집중할 수 있을까요?

_____

_____

홈빌더 원리

부부의 의사소통이 효과적으로 이루어지려면 배우자를 위한 시간과 에너지를 확보해야 한다.

부부 데이트

다음 모임 전까지 배우자와 함께 홈빌더 과제를 나누기 위한 데이트 시간을 정하십시오. 이 과제를 통해 깨달은 것이나 경험한 것 한 가지를 다음 시간에 나눌 것입니다.

날짜   시간

장소

홈빌더 과제

혼자 하는 과제

다음 질문에 답하십시오.

1. 이번 시간을 통해 부부의 의사소통에 관해 새롭게 발견한 것은 무엇입니까?

2. 당신이 배우자를 위해 남겨두는 시간과 에너지의 양은 어느 정도입니까? 자녀들을 위해서는 어떻습니까?

3. 다음을 평가해보십시오.
   - 지난 한 달 동안, 시간이 너무 없어서 배우자에게 "잘 잤어?" 혹은 "잘 자"라는 말밖에 하지 못하고 지나간 날이 있었습니까?

   - 최근 TV를 보느라 배우자를 무시한 적이 단 1분이라도 있었습니까?

   - 지난 해, 두 사람이 함께 보내기로 계획했던 시간을 일 때문에 지키지 못했던 적이 있었습니까?

홈빌더 과제

- 지난 6개월 동안, 자녀문제나 친구문제 혹은 어떤 활동에 관한 말다툼을 해소하지 못하고 넘어간 적이 있었습니까?

- 취미나 다른 곳에 신경을 쓰느라 배우자가 무시당했다고 느끼게 만든 적이 있었습니까?

4. 만약 당신이 우선순위를 바꿨다면, 그것이 배우자와의 관계와 의사소통에 어떤 차이를 만들었다고 생각합니까?

5. 매일 배우자가 당신을 위해, 혹은 자녀들을 위해 쓰는 시간과 에너지의 양에 대해서 당신은 어떻게 느끼고 있습니까?

6. 배우자가 당신을 위해 더 많은 시간과 에너지를 쓴다면 당신의 생활은 어떻게 달라질 것 같습니까?

홈빌더 과제

부부가 함께하는 과제

1. 배우자가 부부관계를 우선순위에 두고 있다고 생각했던 기억을 적어도 한 가지 이상 나누어주세요.

2. '혼자 하는 과제'의 질문에 대한 당신의 답변을 배우자와 나누십시오.

3. 하루 중 부부가 대화를 나누기 위해 가장 좋은 시간은 언제입니까? 처음에는 10분 만이라도 따로 시간을 정해두고 그 시간을 지키도록 하십시오.

4. 배우자와 함께 이 과제를 하는 시간을 갖기 위해 당신이 바꾸어야 했던 것, 그리고 극복해야 했던 장애물이 있었다면 무엇입니까?

5. 이번 주 동안 부부관계를 더 높은 우선순위에 두겠다고 함께 하나님께 기도하십시오.

달력에 '부부 데이트'를 위한 날을 표시해두고 잊지 않도록 하십시오.

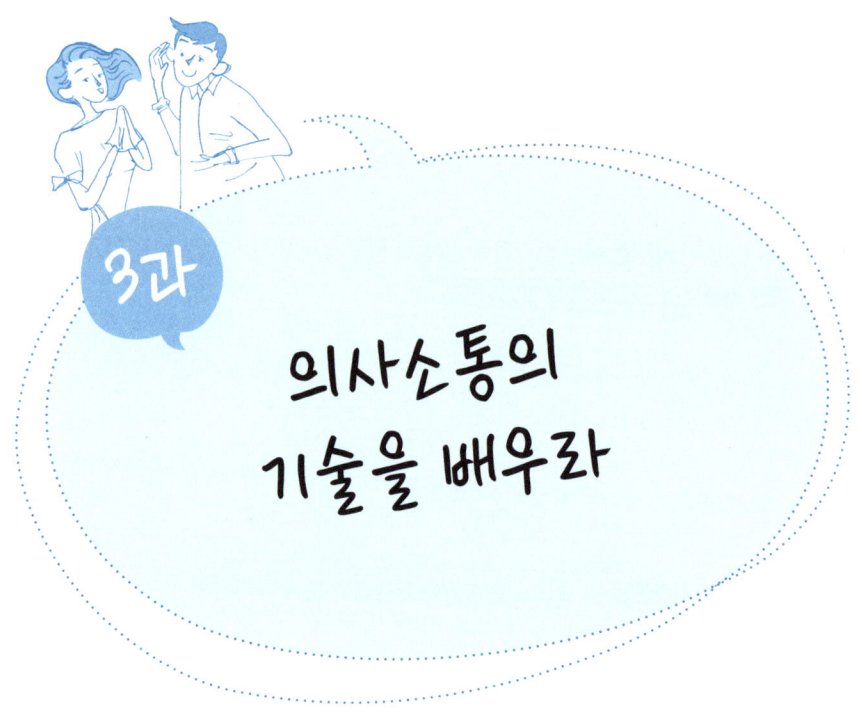

3과
의사소통의 기술을 배우라

아주 기본적인 의사소통 기술만 익혀도 서로에 대해 더 깊이 이해할 수 있습니다.

부부데이트 나눔
2과의 부부데이트 홈빌더 과제를 하면서 배운 것 중 하나를 나누어주세요.

 마음 열기

첫눈에 반하다

결혼 전 '이 사람이 바로 내 짝이야'라고 생각하게 되었던 계기가 있었을 것입니다. 그렇게 생각하게 만든 배우자의 결혼 전 모습 한두 가지를 그룹원들에게 나누어주세요.

 청사진

말을 한다고 진정한 의사소통이 일어나는 것은 아닙니다. 서로를 이해하는 의사소통이 일어나려면, 다음의 3가지 요소를 필요로 합니다: 표현하기, 들어주기, 반응하기

1. 잠언 16장 16절과 24장 3절을 읽으십시오('명철':understanding-이해하기). 좋은 부부 관계를 유지하기 위해 '이해하기'가 중요한 이유는 무엇일까요?

> "지혜를 얻는 것이 금을 얻는 것보다 얼마나 나은고 명철을 얻는 것이 은을 얻는 것보다 더욱 나으니라"(잠언 16:16)
>
> "집은 지혜로 말미암아 건축되고 명철로 말미암아 견고하게 되며"(잠언 24:3)

첫 번째 요소: 표현하기

누군가와 이야기를 할 때면 당신의 이야기를 듣고 있는 상대방이 당신의 말과 감정을 이해해주기를 원할 것입니다. 사람은 누구나 이해받고 싶어 하기 때문입니다. 분명한 의사소통에는 신중한 자기표현이 있어야 합니다. 배우자로부터 이해받기를 원한다면, 자신이 무슨 생각을 하고 있는지, 어떻게 느끼고 있는지, 그리고 현재 상황에서 무엇이 필요한지를 솔직하게 말해야 합니다.

2. 지금 당신은 대단히 강력한 도구인 혀를 사용하고 있음을 기억하십시오. 야고보서 3장 5-10절 말씀을 읽으십시오. 이 말씀에 따르면, 혀가 그렇게 위험한 이유는 무엇입니까? 당신이 기억하고 있는 날선 비난이나 비판으로 인한 아픈 경험을 나누어보세요. 그 경험이 당신에게 어떤 영향을 미쳤습니까? 단, 남편이나 아내에게서 받았던 비난이나 비판은 말하지 않도록 주의하십시오.

> "이와 같이 혀도 작은 지체로되 큰 것을 자랑하도다 보라 얼마나 작은 불이 얼마나 많은 나무를 태우는가 혀는 곧 불이요 불의의 세계라 혀는 우리 지체 중에서 온 몸을 더럽히고 삶의 수레바퀴를 불사르나니 그 사르는 것이 지옥 불에서 나느니라 여러 종류의 짐승과 새와 벌레와 바다의 생물은 다 사람이 길들일 수 있고 길들여 왔거니와 혀는 능히 길들일 사람이 없나니 쉬지 아니하는 악이요 죽이는 독이 가득한 것이라 이것으로 우리가 주 아버지를 찬송하고 또 이것으로 하나님의 형상대로 지음을 받은 사람을 저주하나니 한 입에서 찬송과 저주가 나오는도다 내 형제들아 이것이 마땅하지 아니하니라"(야고보서 3:5-10)

3. 야고보서 3장 5-10절에 의하면, 혀의 장점은 무엇입니까? 지금까지 살면서 받았던 결코 잊지 못할 격려나 칭찬이 있다면 나누어보세요. 그 경험이 당신에게 즉각적으로 혹은 점차적으로 어떤 영향을 미쳤습니까?

두 번째 요소: 들어주기

4. 야고보서 1장 19절을 읽으십시오. "듣기는 속히 하고 말하기는 더디"하는 것의 장점은 무엇입니까? 잘 듣는 사람이 되기 위해서 필요한 것은 무엇일까요?

   "내 사랑하는 형제들아 너희가 알지니 사람마다 듣기는 속히 하고 말하기는 더디 하며 성내기도 더디 하라"(야고보서 1:19)

5. 지인 중에서 듣기를 잘하는 두어 사람을 떠올려보십시오. 그들과 시간을 보낼 때의 느낌은 어땠습니까? 왜 그런 느낌을 가지게 됩니까?

듣는 일이 늘 쉽지는 않습니다. 듣다 보면 중간에 끼어들어서 충고를 하거나 그 사람의 문제를 고쳐주고 싶은 충동이 일어날 때가 있습니다. 하지만 주의 깊게 듣는 것이 바로 배우자의 진정한 필요를 찾아내는 열쇠입니다. 상대방이 말을 할 때에는 그 사람을 '주목'(spotlight)해야 합니다. 누구에게나 방해를 받거나 충고를 받지 않고 완전하게 자신을 표현할 시간과 자유가 필요하니까요.

불행히도 듣는 사람이 그 스포트라이트를 독차지 하고 싶어 하는 경우가 종종 생깁니다. 이런 이유로 의사소통에 혼선이 생깁니다. 두 사람 이상이 그 스포트라이트를 받기 위해 계속해서 다툴 때, 그리고 자신의 표현에만 관심을 가질 때 의사소통은 무너지게 됩니다.

6. 배우자와 함께 서로 돌아가면서 상대방의 말을 들어주십시오. 당신 차례가 되면 배우자에게 당신이 지금 겪고 있는 문제 중에서 부부 사이와 관련 없는 개인적인 일에 대해 2-3분 정도 이야기하십시오. 그 문제는 직장일이 될 수도 있고, 자녀와의 문제일 수도, 또 가족 중 한 사람이나 이웃과의 문제가 될 수도 있습니다. 배우자에게 그 상황에 대한 당신의 생각과 느낌을 말하십시오. 그리고 배우자에게서 얻고 싶은 지원이 있다면 그것이 무엇인지 알려주십시오.

하지만 배우자에게 향하는 비난이 되지 않도록 조심해야 합니다. 그리고 당신이 들을 차례가 되었을 때에는 중간에 말을 끊지 않도록 하십시오.

> **더 좋은 효과를 위하여 (For extra impact)**

효과를 위해 손전등을 한 쌍이 하나씩 가질 수 있도록 충분히 준비하십시오. 모임 방의 조명을 은은하게 낮추고, 말을 듣는 사람이 말을 하고 있는 상대 배우자에게 손전등을 비춰주십시오. 두 사람이 모두 돌아가면서 이것을 한 후, 그룹원들과 다음 질문을 해보십시오.

7. 당신이 말을 하는 입장일 때 어떤 기분이었습니까? 듣는 차례일 때의 기분은 어땠습니까?

세 번째 요소: 반응하기

대부분의 대화에서 어느 지점에 이르면, 수동적으로 듣는 것에서 더 나아갈 필요가 생깁니다. 대화에 참여해서 배우자가 하고 있는 말을 제대로 이해하고 있는지 적절한 피드백으로 반응할 수 있습니다.

8. 상대방을 이해하는 데 도움이 되지 않는 적절하지 못한 피드백에는 어떤 것들이 있습니까?

_____

_____

9. 어떤 피드백을 하면 상대방을 더 잘 이해하는 데 도움이 될까요? 부부간의 대화와 의사소통에서 마음을 여는 신뢰의 환경을 조성하는 데 적절한 피드백이 어떤 역할을 합니까?

_____

_____

당신이 배우자에게 헌신되어 있다는 것을 알려야 합니다. 당신은 배우자와의 관계를 잘 만들고 싶을 것입니다. 배우자의 이야기를 잘 들어주고 도와주길 원할 것입니다. 진심을 담아서 하는 다음과 같은 간단한 질문으로 당신은 배우자와의 원활한 의사소통을 할 수 있습니다. "지금 나한테 가장 원하는 것이 무엇인가요?"

때로 배우자가 당신에게 어떤 문제에 대한 해결책을 제시하도록 요구할지도 모릅니다. 또 어떤 경우에는 그냥 들어주기만 원할 수도 있습니다. 진지한 관심을 가지고 배우자가 가진 필요에 적절하게 반응할 준비를 하는 것이 당신의 책임입니다.

기본적인 의사소통 기술, 즉 표현하기, 들어주기, 반응하기만 사용해도
긍정적인 의사소통을 만들어낼 수 있다.

의사소통의 기본 요소는 아주 간단해보이지만 사실 그것들을 능숙하게 하는 데에는 평생이 걸립니다. 어떤 새로운 기술도 많은 연습을 필요로 합니다. 하지만 중요한 것은 시작하고 노력하는 것입니다. 자신의 의사소통 패턴을 바꾸려는 처음의 시도는 그다지 완벽하지 않을 수 있지만 계속해서 시도해보세요. 그 결과는 처음 힘들었던 수고에 충분한 보답이 될 것입니다.

부부 데이트

다음 모임 전까지 배우자와 함께 홈빌더 과제를 나누기 위한 데이트 시간을 정하십시오. 이 과제를 통해 깨달은 것이나 경험한 것 한 가지를 다음 시간에 나눌 것입니다.

날짜   시간

장소

홈빌더 과제

혼자 하는 과제

다음 질문에 답하십시오.
1. 이번 과를 배우면서 가장 의미 있었던 것은 무엇입니까?

2. 1(매우 나쁨)에서 5(매우 좋음)까지의 단계로 나눌 때, 원활한 의사소통자로서 당신은 스스로에게 몇 점을 줄 수 있습니까? 진솔하게 듣는 자로서의 점수는 몇 점을 주겠습니까? 적절한 반응자로서는 몇 점을 주겠습니까?

3. 1(매우 나쁨)에서 5(매우 좋음)까지의 단계로 나눌 때, 당신은 당신의 배우자에게 원활한 의사소통자로 몇 점을 줄 수 있습니까? 진솔하게 듣는 자로서의 점수는 몇 점을 주겠습니까? 적절한 반응자로서는 몇 점을 주겠습니까?

4. 배우자의 대화의 방법 중에서 당신이 고마워하는 것은 어떤 점입니까?

5. 의사소통 기술에서 당신이 가장 개선하고 싶은 점은 무엇입니까?

6. 배우자와 함께 이야기하고 싶은 부부 사이의 문제를 한 가지만 적어보세요.

홈빌더 과제

부부가 함께하는 과제

1. 배우자한테 들었던 말 중에서 당신이 진정으로 고마웠던 말은 어떤 것들이 있었는지 배우자에게 들려주십시오.

2. '혼자 하는 과제'의 질문에 대한 답변을 배우자와 나누십시오. 이때 지금 당신이 어려운 문제를 다루고 있다는 인식을 가지고 열린 마음으로 친절한 태도를 취해야 합니다.

3. '혼자 하는 과제' 6번 질문에서 각자가 적었던 문제를 배우자에게 말하십시오. 그리고 이번 주에 배웠던 의사소통의 요소들을 사용하여 한 번에 한 가지씩만 그 문제를 해결하기 위한 대화를 시도해보십시오. 오직 적절할 때에만 말하고 듣고 반응한다는 원칙을 잊지 마십시오. 다소 어색하게 느껴지더라도 위에서 소개한 단계들을 그대로 따르십시오. 연습을 하면 할수록 좀 더 자연스러워질 것입니다. 당신이 배우자에게 피드백을 할 차례가 되면 자신이 제대로 이해했는지 확인하는 질문을 하십시오. 당신이 들은 내용을 생각해보고 요약해서, 정확히 이해했는지 물어보십시오. 한 가지의 문제를 끝내기 전에 반드시, "지금 나한테 가장 원하는 것이 무엇인가요?"라고 묻는 것을 잊지 마십시오.

4. 다음 주에도 부부관계 속에서 좋은 의사소통의 기술을 지속적으로 연습하겠다는 약속과 함께 기도로 이 시간을 마무리하십시오.

달력에 '부부 데이트'를 위한 날을 표시해두고 잊지 않도록 하십시오

4과

갈등의 고리를 끊으라

갈등을 해결하려면 주도적으로 관계를 개선시키려는 노력을 해야 합니다.

부부데이트 나눔

3과의 부부데이트 홈빌더 과제를 하면서 배운 것 중 하나를 나누어주세요.

💙 마음 열기

사소한 갈등들

두 사람이 함께 산다면 갈등은 필연적입니다. 『가깝게 지내기』(Staying Close)라는 책에서 데니스 레이니는 사소한 다툼과 겉으로 보기에는 별것 아니지만 갈등을 불러올 수 있는 몇 가지 원인을 나열하고 있습니다. 지금은 웃어넘길 수 있지만 살면서 겪었던 갈등들 중 한 가지를 그룹원들과 나누어보세요.

아니면 다음과 같은 두 사람의 차이점에 대해 이야기해보세요.

- 한 사람은 어두워야 잠이 오고 다른 한 사람은 전등을 켜두어야 한다.
- 한 사람은 창문을 열어두는 것을 좋아하는 반면 다른 한 사람은 닫고 싶어 한다.
- TV를 어디에 두면 좋을지에 대한 엇갈린 의견
- 서로 다른 식습관
- 코를 푸는 방법
- 집에서 틀어두는 음악의 종류
- 한 사람은 음악을 크게 듣는 것을 좋아하고 다른 한 사람은 잔잔하게 깔리는 음악을 선호한다.
- 옷을 벗어두는 장소
- 화장실의 화장지를 거는 방법
- 잠자리에 들고 일어나는 시간의 차이
- 치약을 짜는 방법
- 선반에서 물건을 꺼내고 문을 닫아두는지의 여부
- 잠자리 정리는 누가 하며 어떻게 하는지의 여부
- 밤에 문단속은 누가 하는지의 여부

 청사진

결혼과 함께 두 사람이 같이 살기 시작하는 것이기 때문에 부부관계에서 갈등이 시시때때로 일어나는 것은 당연합니다. 남자와 여자라는 차이만으로도 많은 영역에서 생각이 일치하지 않을 것입니다. 거기에다 서로 다른 배경을 가지고 만났고, 서로 다른 취미와 관심을 즐기며, 사람들과 관계를 맺는 방식도 다를 것입니다. 연애를 하는 기간에는 서로의 차이점을 잘 관리하거나 혹은 무시하고 지나칠 수 있었지만 눈에서 콩깍지가 벗겨지는 날, 두 사람은 결국 갈등에 부딪히게 될 것입니다.

1. 그렇게 많은 부부가 결혼생활의 갈등을 해결하지 못하는 이유가 무엇이라고 생각합니까?

하나님은 무너진 관계를 회복시키시는 일을 기뻐하십니다. 로스버그 박사는 갈등 중에 있는 부부의 관계를 회복하도록 돕기 위한 연구를 하면서 갈등이 일어나는 대부분의 사건에 공통된 순서가 있음을 발견했습니다. 갈등이 시작될 때마다 고리가 하나 생기는데, 그 고리는 갈등이 해결되어야 끊어집니다. 우리는 '고리 끊기'가 이루어지는 것을 보려고 합니다.

이 개념에 대해 더 알고 싶다면 로스버그 박사의 『스스로 하는 관계 치유』(Do-It-Yourself Relationship Mender)를 참고하십시오.

고리가 형성될 때

일반적으로 갈등은 어떤 한 사람이 다른 사람에게 침해 행위를 할 때 시작됩니다. 배우자는 대개 그 침해 행위에서 상처를 받고, 또 그 상처는 종종 화(anger)를 유발합니다.

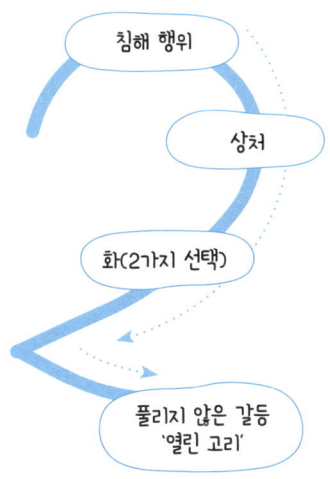

사례 연구: 또 계란찜이야?

> 은서와 민준은 맞벌이 부부다. 은서는 직장에서 일을 마치면 부리나케 퇴근을 해도 저녁 7시 정도가 되어야 집에 도착한다. 집에 들어오면 아이들은 배고프다고 보채고 은서는 옷 갈아입을 틈도 없이 저녁 준비를 시작한다. 그리고 조금 지나서 남편 민준이 퇴근하고 들어온다.
>
> 민준은 아내 은서가 부엌에서 식사 준비하는 것을 본다. 그리고 싱크대에 대고 이렇게 말한다. "우리 오늘 '또' 계란찜 먹는 거야? 이제 난 계란찜은 질렸어! 다른 메뉴 좀 생각할 수 없어?"
>
> 은서는 퉁명스럽게 대답한다. "그럼, 당신이 좀 하지 그래? 나는 당신이 내 요리에 대해 불평하는 소리 듣는 게 지겨워. 먹고 싶은 것이 있으면 직접 해먹었으면 좋겠어! 난 언제라도 주방 자리를 내려놓고 싶으니까."

2. 은서의 입장이 되어봅시다. 은서가 남편 민준의 말을 들었을 때 기분이 어땠을까요?

3. '화'는 갈등 중인 사람의 반응에 어떻게 영향을 미치나요?

갈등의 고리를 만들 것인가 아니면 끊을 것인가?

갈등이 이 시점에 왔을 때 당신은 중요한 결정을 하게 됩니다. 갈등을 해결할 것인가, 지나가도록 내버려둘 것인가? 갈등의 고리를 만들 것인가, 아니면 끊을 것인가?

4. 은서와 민준이 자신들의 갈등을 해결하기 위해 나설 때 삼가야 할 것은 무엇입니까?

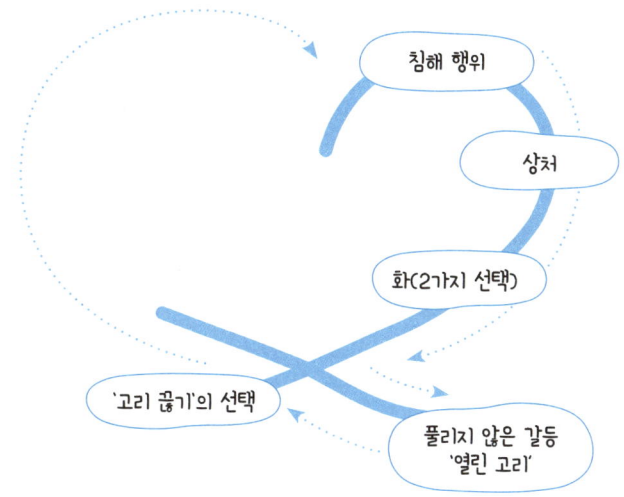

5. 갈등이 풀리지 않고 있을 때 부부관계에는 어떤 일이 일어날까요?

6. 고리 끊기와 갈등의 해결에 대해 다음 성경구절은 무엇이라고 말씀합니까?
   ● 마태복음 18:21-22

"그 때에 베드로가 나아와 이르되 주여 형제가 내게 죄를 범하면 몇 번이나 용서하여 주리이까 일곱 번까지 하오리이까 예수께서 이르시되 네게 이르노니 일곱 번뿐 아니라 일곱 번을 일흔 번까지라도 할지니라"(마태복음 18:21-22)

● 에베소서 4:26-27

"분을 내어도 죄를 짓지 말며 해가 지도록 분을 품지 말고 마귀에게 틈을 주지 말라"
(에베소서 4:26-27)

홈빌더 원리

부부관계에 손상을 입지 않기 위해서는 갈등을 해결하는 방법을 찾아야 한다.

갈등의 고리 끊기

1단계: 마음을 준비하라

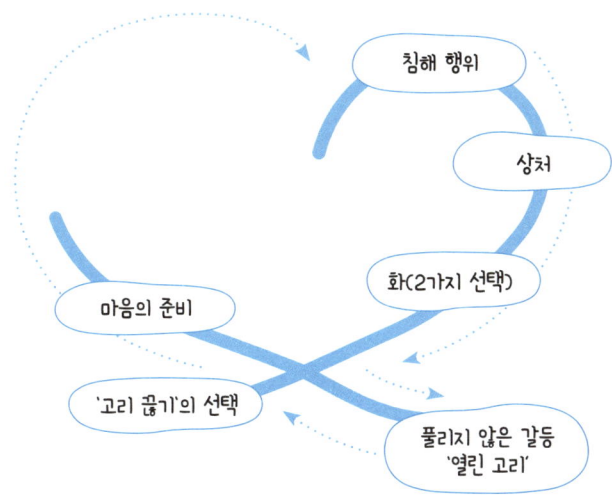

7. 갈등을 풀기 위해 마음을 준비하려고 할 때 다음 성경구절에서 어떤 지침을 얻을 수 있습니까?

● 시편 139:23-24

> "하나님이여 나를 살피사 내 마음을 아시며 나를 시험하사 내 뜻을 아옵소서 내게 무슨 악한 행위가 있나 보시고 나를 영원한 길로 인도하소서"(시편 139:23-24)

- 베드로전서 3:8-9

> "마지막으로 말하노니 너희가 다 마음을 같이하여 동정하며 형제를 사랑하며 불쌍히 여기며 겸손하며 악을 악으로, 욕을 욕으로 갚지 말고 도리어 복을 빌라 이를 위하여 너희가 부르심을 받았으니 이는 복을 이어받게 하려 하심이라"(베드로전서 3:8-9)

갈등 해결에는 겸손이 필요하다.

2단계: 직면하기를 두려워하지 말라

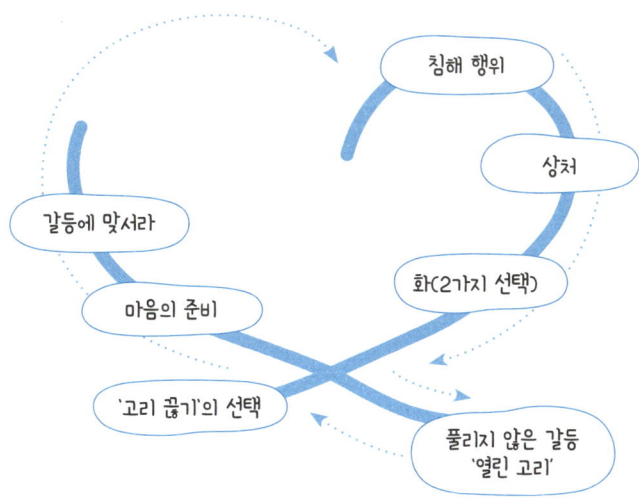

이 단계에서는 배우자에게 갈등이 있는 부분을 꺼내놓고 대화의 자리에 서야 합니다. 지난 시간에 나누었던 활발한 의사소통의 요소를 적극 활용하십시오. 갈등을 일으킨 원인에 대해서 혼자 시간을 독점해서 말하지 말고 배우자의 이야기에 귀를 기울이십시오. 두 사람 모두에게 좋은 해결책을 찾으십시오. 갈등에 대해 이야기할 적절한 시간과 장소를 선택하는 것도 중요합니다.

8. 갈등을 해결하기 위해 대화를 시작하기 좋은 때는 언제이며, 그 때가 특별히 더 좋은 이유는 무엇입니까?

3단계: 용서하라

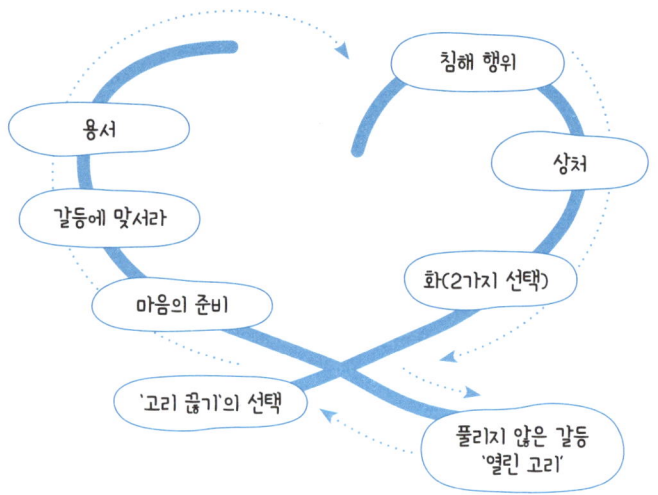

관계에서 갈등의 고리를 끊기 위해 가장 핵심적인 것은 용서입니다. 용서가 없으면 분노에 사로잡히게 되고, 한때 다정했던 두 마음이 다시는 화해와 화합을 이루지 못하게 됩니다.

9. 에베소서 4장 32절을 읽으십시오. 그리스도 안에서 하나님이 당신을 용서하셨던 것처럼 다른 사람을 용서하라는 말이 무슨 뜻일까요? 용서가 왜 그렇게 어려울까요?

> "서로 친절하게 하며 불쌍히 여기며 서로 용서하기를 하나님이 그리스도 안에서 너희를 용서하심과 같이 하라"(에베소서 4:32)

홈빌더 원리

용서가 갈등 해결의 주된 요소다.

4단계: 신뢰를 회복하라

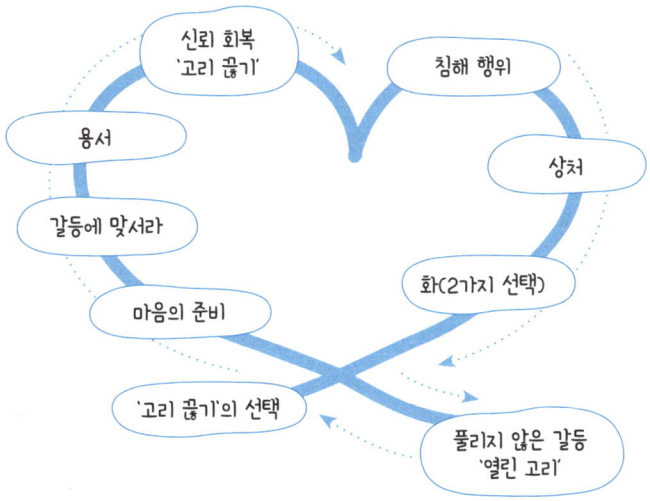

사례 연구 이후 이야기: 계란찜을 계속 먹어도 괜찮아!

갈등을 겪은 후, 민준은 자신이 아내 은서에게 반찬투정을 한 것이 잘못한 것임을 깨달았다. 은서도 자신만큼이나 바빴던 것이다. 그는 아내에게 용서를 구하고 저녁식사 준비를 돕겠다고 약속했다. 당연히 그녀가 준비한 요리에 대해서도 불평하지 않기로 했다.

10. 당신이 만약 은서라면, 이제 불평을 그만두고 식사 준비를 돕겠다는 민준의 말을 신뢰할 수 있습니까? 믿을 수 있는 이유나 믿지 못하는 이유는 무엇입니까?

_____

_____

홈빌더 원리

배우자를 용서한다고 해서 자동적으로 그 사람을 믿는 것과 연결되는 것은 아니다. 신뢰가 세워지기 위해서는 시간이 필요하다.

조금 더 알아보기: 시간이 허락한다면, 다음 사례를 읽고 연습해보세요.

혜지는 지난 8년의 결혼생활 동안 가계 재정을 잘 관리하지 못했다. 은행 계좌 관리를 제대로 하지 않았을 뿐더러 낭비벽도 있었다. 그 결과 그녀와 남편 민찬은 빚이 늘고 신용등급도 낮아졌다. 전세자금 대출을 해야 하는 상황에서 신용부족으로 대출을 거절당했고, 민찬은 화가 머리끝까지 치밀었다.

갈등의 고리를 끊을 수 있도록 이번 과에서 제시된 각 단계에 따라 대화와 행동을 실천해보세요.

1단계: 마음을 준비하라
2단계: 맞서기를 두려워하지 말라
3단계: 용서하라
4단계: 신뢰를 회복하라

이번 과에서 갈등 해소에 관해 배운 내용 중에서 가장 중요한 것을 그룹원들과 함께 나누어보세요.

뿌뿌 데이트

다음 모임 전까지 배우자와 함께 홈빌더 과제를 나누기 위한 데이트 시간을 정하십시오. 이 과제를 통해 깨달은 것이나 경험한 것 한 가지를 다음 시간에 나눌 것입니다.

날짜 _____ 시간 _____

장소 _____

홈빌더 과제

혼자 하는 과제

1. 이번 홈빌더 모임에서 나누었던 내용들을 다시 생각해보십시오. 이번 과에서 배운 주요한 내용은 어떤 것들이었습니까?

2. 갈등-해결의 과정에서 자신이 어떤 단계에서 벗어나지 못하고 있다고 생각합니까? 그 이유는 무엇입니까?

3. 갈등-해결의 기술을 위해 개인적으로 당신이 노력해야 할 부분은 무엇입니까?

4. 지난 달 당신의 부부관계에서 부딪혔던 갈등에는 어떤 것이 있었습니까?

5. 그런 갈등에서 당신이 현재 처해 있는 '고리 끊기'의 단계는 어디쯤입니까?

6. 당신은 갈등 해결을 위해 어떻게 노력하고 있습니까?

홈빌더 과제

부부가 함께하는 과제

1. '혼자 하는 과제'에서 했던 첫 세 질문에 대한 답을 배우자와 함께 나누어보세요.

2. 4번에서 6번 질문까지는 각 갈등을 분리해서 접근하십시오. 함께 기도함으로 시작하십시오. 갈등을 나누고 해결책을 이야기할 때 하나님께 겸손과 지혜를 구하십시오. 또한 갈등의 고리를 끊기 위한 단계를 그대로 따르도록 명심하십시오.

달력에 '부부 데이트'를 위한 날을 표시해두고 잊지 않도록 하십시오.

5과 인생의 시련기를 이기는 의사소통

하나님은 시련의 시기에 배우자를 격려하도록 당신을 사용하실 수 있습니다.

부부데이트 나눔
4과의 부부데이트 홈빌더 과제를 하면서 배운 것 중 하나를 나누어주세요.

 마음 열기

대표적인 시련들

다음과 같은 상황에서 부부들이 일반적으로 만나게 되는 시련과 어려움에는 어떤 것들이 있나요?

- 결혼 직후 신혼 시기
- 첫 아이를 낳았을 때
- 예산에 맞추어 살려고 할 때
- 직장일이나 다른 일로 떨어져 주말부부가 되었을 때
- 집에 사춘기 자녀가 있을 때
- 황혼기에 접어들었을 때

 청사진

시련을 예상하라

> 1995년 미국 F-16 전투기가 당시 적대 관계였던 보스니아에서 격추되었다. 6일 후 (사람들의 예상을 뒤엎고) 그 전투기의 파일럿이었던 스콧 오그라디가 해군 헬기 팀에 구조되었다. 미국인들은 오그라디의 이야기, 즉 그가 먹을 것이 없어 곤충을 먹고, 빗물을 받아서 식수를 해결하고, 보스니아 수색대를 간

신히 피해 다닌 사연에 매료되었다. 오그라디의 생존은 그가 공군에서 훈련을 제대로 받았음을 증명했다. 그는 비상시에 생존하는 법과 긍정적인 정신 태도를 유지하는 법 등 17일간의 생존 훈련을 마쳤었다. 임무를 위해 출발했을 때 그는 다른 장비와 함께 보호 장구를 착용하고 있었다. 그를 비행기 밖으로 쏘아 보낸 그의 좌석에도 귀중한 장비가 함께 있었다. 오그라디는 시련을 이겨낼 준비가 되어있었던 것이다. 그는 시련이 왔을 때 어떻게 대처할 것인지 알고 있었다.

시련의 시기는 인생에서 필연적인 한 부분입니다. 스콧 오그라디는 적진에서 혼자 6일을 버틸 수 있었습니다. 하지만 그렇게 피할 수 없는 인생의 폭풍이 왔을 때 아까운 시간을 낭비하지 않고 대처하도록 준비된 사람은 그리 많지 않습니다.

1. 야고보서 1장 2-4절을 읽으십시오. 야고보가 "여러 가지 시험"을 당한다고 한 것에 주목하십시오. 시험과 시련을 다룰 준비가 된 사람들이 많지 않은 이유는 무엇일까요?

> "내 형제들아 너희가 여러 가지 시험을 당하거든 온전히 기쁘게 여기라 이는 너희 믿음의 시련이 인내를 만들어 내는 줄 너희가 앎이라 인내를 온전히 이루라 이는 너희로 온전하고 구비하여 조금도 부족함이 없게 하려 함이라"(야고보서 1:2-4)

2. 시련을 만났을 때 부부관계에는 일반적으로 어떤 일이 발생합니까?

3. 당신 부부가 시련과 스트레스를 만났을 때 부부관계에 어떤 영향이 있었습니까?

부부는 삶을 함께하는 동안 필연적으로 닥쳐 올 시련에
준비가 되어있어야 한다.

시련을 대비하라

(질문 4번과 5번은 배우자와 함께 해보십시오. 다 하고 나면 거기서 발견한 것을 그룹원들과 나누어도 좋습니다.)

4. 앞으로 20년 혹은 30년 후의 부부의 모습을 예상해보세요. 인생의 전환기마다 만나게 될 시련이나 압박에는 어떤 것들이 있을까요? (예: 부모님의 사망, 며느리나 사위를 들임)

5. 그런 시련들이 부부관계에 어떤 영향을 미칠 것이라 예상합니까?

인생의 시련기에 하나님을 의지하라

6. 하나님은 왜 시련과 고난을 우리에게 허락하셨는지, 다음 말씀에서 찾아보십시오.

- 로마서 8:28

> "우리가 알거니와 하나님을 사랑하는 자 곧 그의 뜻대로 부르심을 입은 자들에게는 모든 것이 합력하여 선을 이루느니라"(로마서 8:28)

- 베드로전서 1:5-7

> "너희는 말세에 나타내기로 예비하신 구원을 얻기 위하여 믿음으로 말미암아 하나님의 능력으로 보호하심을 받았느니라 그러므로 너희가 이제 여러 가지 시험으로 말미암아 잠깐 근심하게 되지 않을 수 없으나 오히려 크게 기뻐하는도다 너희 믿음의 확실함은 불로 연단하여도 없어질 금보다 더 귀하여 예수 그리스도께서 나타나실 때에 칭찬과 영광과 존귀를 얻게 할 것이니라"(베드로전서 1:5-7)

- 베드로전서 4:12-14

"사랑하는 자들아 너희를 연단하려고 오는 불 시험을 이상한 일 당하는 것 같이 이상히 여기지 말고 오히려 너희가 그리스도의 고난에 참여하는 것으로 즐거워하라 이는 그의 영광을 나타내실 때에 너희로 즐거워하고 기뻐하게 하려 함이라 너희가 그리스도의 이름으로 치욕을 당하면 복 있는 자로다 영광의 영 곧 하나님의 영이 너희 위에 계심이라"(베드로전서 4:12-14)

7. 당신이 겪었던 시련을 통해 결과적으로는 합력하여 선을 이루었던 경험이 있다면 나누어 주십시오.

8. 다음 성경구절을 읽고, 당신의 인생에서 그 말씀이 진리라고 느꼈던 경험을 나누어 주십시오.
- 고린도전서 10:13

"사람이 감당할 시험 밖에는 너희가 당한 것이 없나니 오직 하나님은 미쁘사 너희가 감당하지 못할 시험 당함을 허락하지 아니하시고 시험 당할 즈음에 또한 피할 길을 내사 너희로 능히 감당하게 하시느니라"(고린도전서 10:13)

- 고린도후서 1:3-4

  "찬송하리로다 그는 우리 주 예수 그리스도의 하나님이시요 자비의 아버지시요 모든 위로의 하나님이시며 우리의 모든 환난 중에서 우리를 위로하사 우리로 하여금 하나님께 받는 위로로써 모든 환난 중에 있는 자들을 능히 위로하게 하시는 이시로다"(고린도후서 1:3-4)

- 빌립보서 4:12-13

  "나는 비천에 처할 줄도 알고 풍부에 처할 줄도 알아 모든 일 곧 배부름과 배고픔과 풍부와 궁핍에도 처할 줄 아는 일체의 비결을 배웠노라 내게 능력 주시는 자 안에서 내가 모든 것을 할 수 있느니라"(빌립보서 4:12-13)

9. 빌립보서 4장 6-7절을 읽으십시오. 우리가 인생의 시련기를 어떻게 대처해야 한다고 말씀하고 있습니까? 당신 부부가 이 말씀처럼 함께 시련을 이겨냈던 경험을 나누어 주십시오.

"아무 것도 염려하지 말고 다만 모든 일에 기도와 간구로, 너희 구할 것을 감사함으로 하나님께 아뢰라 그리하면 모든 지각에 뛰어난 하나님의 평강이 그리스도 예수 안에서 너희 마음과 생각을 지키시리라"(빌립보서 4:6-7)

홈빌더 원리

부부는 시련의 시기에도 하나님께 의지하고 인내할 수 있게 서로를 격려하며 더 나아가 기쁨을 누릴 수 있도록 서로 도울 수 있다.

부부 데이트

다음 모임 전까지 배우자와 함께 홈빌더 과제를 나누기 위한 데이트 시간을 정하십시오. 이 과제를 통해 깨달은 것이나 경험한 것 한 가지를 다음 시간에 나눌 것입니다.

날짜　　　　　　　　　**시간**

장소

홈빌더 과제

혼자 하는 과제

1. 이번 과에서 적었던 자신의 메모를 살펴보십시오. 그리고 당신이 깨달았던 점들을 써보십시오.

2. 결혼생활을 되돌아봅시다. 지금까지 겪었던 시련들을 당신은 어느 정도로 잘 다루었다고 생각합니까? 성공적이었다고 생각한다면, 그리고 부족했다고 생각한다면 그 이유는 무엇입니까?

3. 지금 현재 당신은 어떤 시련을 만나고 있습니까? 그 시련을 이기기 위해 배우자가 어떻게 당신을 도울 수 있을까요? 하나님은 당신을 어떻게 도우실 수 있을까요?

4. 어떤 사람들은 힘든 시기에는 배우자로부터 멀어지는 경향이 있습니다. 하지만 하나님은 부부가 시련의 시기에 서로를 지지하라고 하셨습니다. 모든 부부는 시련을 함께 헤쳐나가겠다는 약속을 할 필요가 있습니다.

   약속 후에는 부부가 서로를 세워주면서 시련의 시기를 통과할 수 있도록 돕는 의사소통의 4가지 원칙을 살펴보십시오. 그러한 원칙들을 잘 훈련해두면 결혼생활에 놀라운 변화가 일어날 것입니다. 다음 원칙을 하나씩 읽고 배우자와 함께 이어지는 질문에 대한 답을 해보세요.

   - 상대방에게 필요한 것이 무엇인지 알아보세요. 이것을 아는 가장 쉬운 방법은 정기적으로 서로 물어보는 것입니다. "지금 당신은 내가 뭘 해주면 좋겠어?"

홈빌더 과제

- 문제가 되는 것을 피하지 않고 부부가 함께 정면으로 대하겠다고 결심하세요. 우리는 종종 다른 일에 집중하거나 다른 활동을 하면서 시간을 보낸다면 그 고통이 사라질 것이라는 희망을 품기도 합니다. 하지만 그런 일은 일어나지 않습니다. 고통은 반드시 직면해야 합니다.

- 하나님께 의지하도록 서로 격려하세요. 부부가 함께 기도하십시오. 서로에게 성경 말씀을 읽어주십시오(시편 23, 31, 34편이 좋은 예입니다.) 하나님의 자녀로서 하나님과의 관계를 유지하고, 배우자도 그렇게 할 수 있도록 도우십시오.

- 가족과 친구의 도움을 구하세요. 시련의 시기에는 자녀와 친구 혹은 다른 가족과의 연락도 끊고 싶은 유혹을 받을 수 있습니다. 그렇게 하지 말고 자신의 필요를 인정하고, 그리스도의 몸이 당신을 지원하는 역할을 다할 수 있도록 허락하십시오.

5. 시련과 고통의 시기에 당신은 어느 정도까지 하나님과 배우자와 의논하나요? 그 상황을 개선하기 위해 당신은 무엇을 할 수 있습니까?

홈빌더 과제

부부가 함께하는 과제

1. 부부가 겪었던 시련 한 가지를 떠올려보십시오. 그 시련에서 당신이 얻었거나 배운 것을 서로 나누십시오.

2. 혼자 하는 과제의 4번을 다시 보세요. 그 원칙들을 지금 당신의 상황에 어떻게 적용할 수 있습니까? 이번 과의 원칙들을 다음 한 주 동안 생활 속에서 적용할 방법 3가지를 결정하고 약속하십시오. 그 약속을 끝까지 지키도록 서로 책임을 감당하십시오.

3. 이 시간을 기도로 마무리하십시오. 지금 시련을 겪고 있다면, 이 과에서 배운 말씀에 의지하여 기도하세요. 하나님께 이 시련기에도 기쁨을 주시도록 구하며, 서로를 위한 격려자가 되도록 기도하십시오.

달력에 '부부 데이트'를 위한 날을 표시해두고 잊지 않도록 하십시오.

6과
영적으로 친밀해지라

부부가 함께 하나님을 찾을 때 가장 깊고 높은 수준의 의사소통이 이루어집니다.

부부데이트 나눔
5과의 부부데이트 홈빌더 과제를 하면서 배운 것 중 하나를 나누어주세요.

 마음 열기

서로를 향해 나아가라

이제 이 공부도 끝을 향하고 있습니다. 그룹원들과 함께 당신이 경험한 것들을 되새겨보세요. 다음 질문 중에서 한 가지를 골라 답하고 그 답을 그룹원들과 나누십시오.

- 이번 홈빌더 과정 중에 이 그룹은 당신에게 어떤 의미가 있었습니까? 구체적으로 말해 주세요.

- 당신이 가장 귀중하다고 생각했던 것은 무엇입니까?

- 앞으로 이 그룹에 어떤 일이 일어나기를 원합니까?

- 이번 홈빌더 모임의 결과로 당신이 배운 것이 있다면, 그것으로 당신이 어떻게 변화되었습니까?

 청사진

1. 그리스도인의 결혼생활과 부부의 의사소통에는 다른 사람들과 다른 어떤 특징이 있다고 생각합니까?

최상의 결혼!

영적인 친밀함은 예수 그리스도를 통해 하나님과 인격적인 관계를 가지는 사람들, 그리고 하나님을 기쁘시게 하는 삶을 살기 위해 노력하는 사람들에게만 가능한 부부관계의 한 요소입니다. 남편과 아내가 모두 하나님과의 수직적 관계 안에서 성장할 때에 그들 사이의 수평적인 관계도 잘 이루어집니다. 이것이 바로 최상의 결혼생활을 위한 필수요소입니다.

2. 사도행전 4장 31-32절을 읽으십시오. 성령충만했던 그 당시 그리스도인들은 서로 어떤 관계가 되었습니까? "한마음과 한 뜻"이 된다는 것은 어떤 의미입니까?

> "빌기를 다하매 모인 곳이 진동하더니 무리가 다 성령이 충만하여 담대히 하나님의 말씀을 전하니라 믿는 무리가 한마음과 한 뜻이 되어 모든 물건을 서로 통용하고 자기 재물을 조금이라도 자기 것이라 하는 이가 하나도 없더라"(사도행전 4:31-32)

3. 골로새서 3장 12-17절을 읽으십시오. "하나님이 택한"사람인 당신이 "그리스도의 평강이 너희 마음을 주장하게" 한다면 부부관계에는 어떤 영향이 있을까요?

> "그러므로 너희는 하나님이 택하사 거룩하고 사랑 받는 자처럼 긍휼과 자비와 겸손과 온유와 오래 참음을 옷 입고 누가 누구에게 불만이 있거든 서로 용납하여 피차 용서하되 주께서 너희를 용서하신 것 같이 너희도 그리하고 이 모든 것 위에 사랑을 더하라 이는 온전하게 매는 띠니라 그리스도의 평강이 너희 마음을 주장하게 하라 너희는 평강을 위하여 한 몸으로 부르심을 받았나니 너희는 또한 감사하는 자가 되라 그리스도의 말씀이 너희 속에 풍성히 거하여 모든 지혜로 피차 가르치며 권면하고 시와 찬송과 신령한 노래를 부르며 감사하는 마음으로 하나님을 찬양하고 또 무엇을 하든지 말에나 일에나 다 주 예수의 이름으로 하고 그를 힘입어 하나님 아버지께 감사하라"(골로새서 3장 12-17절)

4. 배우자와 좀 더 깊은 영적 친밀감을 향해 나아가려면 어떤 행동과 경험들이 필요할까요?

홈빌더 원리

친밀한 의사소통은 부부가 함께 하나님을 찾고 두 사람의 마음을 하나님께서 함께 엮어주시도록 할 때 가능하다.

실천하라

많은 그리스도인 부부들은 하나님의 말씀을 함께 읽고 기도하는 시간을 더 많이 가지기를 원합니다. 그들은 자신들이 어떻게 해야 하는지 알지만, 실제로는 그렇게 하고 있지 않습니다. 대개 이런 변명들을 합니다. "나도 우리가 더 많은 면에서 영적인 생활을 해야 한다는 것은 알아요. 또 그러고도 싶고요. 하지만 그 일을 적극적으로 하려고 하지는 않는 것 같아요."

어떤 부부는 하나님과 함께하는 삶의 훈련을 전혀 하고 있지 못합니다. 만약 당신이 이번 홈빌더 과정에서 과제를 성실하게 완수했다면, 이제 제대로 출발한 것입니다. 실제로 당신의 삶에서 새로운 훈련을 시작한 것입니다.

5. 부부가 함께하는 영적 생활을 우선순위에 두는 일은 왜 그렇게 어려운가요?

_____

_____

6. 함께 기도하고 성경을 꾸준하게 공부한다면, 그것이 당신 부부에게 어떤 영향을 줄 것이라고 생각합니까? 부부가 함께 기도하고 성경을 공부할 수 있는 실제적인 방법에는 어떤 것들이 있습니까?

_____

_____

7. 야고보서 1장 22-25절을 읽으십시오. 우리의 결혼생활에서 하나님이 우리에게 원하시는 것을 어떻게 실천할 수 있을까요?

"너희는 말씀을 행하는 자가 되고 듣기만 하여 자신을 속이는 자가 되지 말라 누구든지 말씀을 듣고 행하지 아니하면 그는 거울로 자기의 생긴 얼굴을 보는 사람과 같아서 제 자신을 보고 가서 그 모습이 어떠했는지를 곧 잊어버리거니와 자유롭게 하는 온전한 율법을 들여다보고 있는 자는 듣고 잊어버리는 자가 아니요 실천하는 자니 이 사람은 그 행하는 일에 복을 받으리라"
(야고보서 1:22-25)

함께하는 활동 (Picture This)

자신의 배우자와 짝이 되어 다른 그룹원들과는 가능하면 최대한 멀리 떨어져서 서 십시오. 배우자와 나란히 서서 서로 같은 방향을 보고 옆으로 세 걸음 간격을 두세요. 앞을 향해 여러 걸음 떨어진 바닥에 책을 한 권 놓고, 인도자가 다음의 내용을 읽을 동안 귀를 기울이십시오. 인도자가 한 문장을 읽고 나면, 두 사람은 책을 향해 작은 걸음을 한 걸음 내딛습니다.

- 여러분은 각자 개인 QT 시간을 정기적으로 가지고 있으며 거기에서 얻은 생각들을 배우자와 나누고 있습니다.
- 여러분은 설교에서 받은 은혜를 공유합니다.
- 함께 기도합니다.
- 성경의 원리들을 개인적인 삶과 결혼생활에 적용합니다.
- 어떤 결정을 내릴 때에 하나님의 뜻을 구합니다.

그룹원들과 함께 아래의 질문들을 나누십시오.

- 놓아둔 책을 향해 앞으로 나갈 때 당신과 배우자와의 거리는 어떻게 되고 있었습니까?

- 책을 향해 앞으로 나갈 때 일어나는 일과 당신의 삶과 가정에서 하나님께 더 가까이 나아갈 때 일어나는 일은 어떤 점에서 비슷합니까?

- 위의 진술문대로 실천한다면, 당신 부부의 의사소통은 어떻게 달라질까요?

8. 이제 이번 홈빌더 과정을 마쳐갑니다. 부부의 의사소통과 영적 친밀감은 얼마나 좋아졌습니까? 당신은 앞으로 생활 속에서 이 새로운 영적 훈련을 계속하기 위해 어떤 일을 하겠습니까?

9. 이런 훈련을 지속하지 못하게 하는 것들은 무엇입니까? 그 장애물들을 극복하고 결심한 것을 끝까지 실천할 수 있도록 하기 위해 당신이 할 수 있는 일은 무엇입니까?

홈빌더 원리

정기적으로 함께 기도하고 성경공부를 하면 부부 사이의 영적 친밀감을 키울 수 있다.

부부 데이트

마지막 홈빌더 과제를 수행하기 위해 부부데이트 시간을 정하십시오.

날짜 _____ 시간 _____

장소 _____

홈빌더 과제

홈빌더 과제를 부부가 같이 하십시오. 홈빌더에 참여하면서 홈빌더 과제를 했듯이, 일주일에 한 번 저녁시간에 부부가 함께 성경공부를 하는 습관을 가져보십시오. 만약 부부가 함께 할 성경공부 교재가 필요하다면 홈빌더 리더나 목사님께 물어보십시오.

고린도전서 13장
함께 성경 본문을 읽고, 다음 질문에 답하십시오. 하나님의 말씀에서 배운 것을 통해 당신 부부와 가족의 일상적인 관계가 더 깊어질 수 있도록 자신이 어떤 일을 할 수 있을지에 관해 말해보세요. 가정을 단단하게 세우도록 하나님의 도우심을 구하는 기도를 함께 드리십시오.

1. 고린도전서 13장은 종종 '사랑장'이라고 일컬어집니다. 이 성경 말씀을 읽으면서 생각하는 '사랑'에 대한 느낌은 어떤 것입니까? 배우자와의 관계에서 당신은 그와 같은 여러 사랑을 어떻게 나타내고 있습니까?

2. 사랑에 관한 이 말씀과 현대 문화가 말하는 '사랑'은 어떻게 대비가 됩니까?

3. 당신에게 감동을 준 말씀이 있다면, 그 이유는 무엇입니까? 배우자를 통해 보고 있는 성경의 원리는 어떤 것들입니까?

4. 8절은 "사랑은 언제까지나 떨어지지 아니하되"(never fails)라고 합니다. 하나님이 당신 부부에게 원하시는 '언제까지나 떨어지지 아니하는 사랑'을 견고하게 하기 위해 당신에게는 어떤 노력이 필요합니까?

5. 사랑에 관한 모든 설명을 천천히 읽어보세요. 하나님을 경외하는 사랑을 배우자에게 보여주기 위해 당신에게는 지금 어떤 변화가 필요합니까?

이제 어떻게 할 것인가?

우리는 당신이 홈빌더 부부 시리즈를 통해 배우자와 함께 자신의 삶을 예수 그리스도에게 헌신하면서 그분의 청사진에 따라 계속해서 성장하기를 바랍니다. 또한 당신이 섬기는 교회와 지역 공동체의 다른 부부들도 마찬가지로 부부관계가 견고히 서가도록 도움을 주기 바랍니다. 지금 당신의 영향력이 필요합니다.
이 점에서 아주 잘 맞는 예화가 하나 있습니다.

2차 세계대전 중이었던 1940년, 프랑스 군은 히틀러의 침공으로 무너지고 말았고, 네덜란드는 나치의 기세에 눌려 힘없이 백기를 들고 말았다. 벨기에도 항복했고, 영국군은 됭케르크(Dunkirk) 해협 안에 있는 프랑스 해안에 갇히고 말았다.
220,000명이나 되는 영국의 아름다운 청년들이 영국 해협을 그들의 붉은 피로 물들이며 죽을 운명에 처해 있었다. 프랑스 해안에서 겨우 몇 마일 떨어져 있던 독일 총통의 군대도 그들이 사실 얼마나 승리에 가까이 와있는지는 미처 모르고 있었다. 남아있는 시간에 구조를 요청하는 시도는 헛되어 보였다. 한 영국 해군(전문가들)은 조지 6세에게 자신들이 기껏해야 17,000명 정도나 구할 수 있을 것이라고 보고했다. 서민원(영국 하원)에게는 '비극적인 소식'에 대한 마음의 준비를 하라는 경고가 주어졌다.
정치인들은 두려움에 얼어붙었고, 왕은 무력했다. 게다가 우방국들은 멀리서 구경꾼으로 지켜볼 수밖에 없었다. 영국군의 불행한 최후가 임박한 듯이 보였을 그때, 낯선 함대가 영국 해협의 수평선 위에 나타났다. 아마 역사상 가장 형편없는 함대였을 것이다. 저인망어선, 예인선, 평저선, 어선, 구명보트, 낚싯배, 소형 어선, 연안 연락선, 범선, 심지어 런던의 소방 선박들까지 그렇게 모여든 배들에 타고 있는 군인들은 주로 민간 자원병들로, 지쳐 피를 흘리고 있는 아들들을 구하러 온 영국의 아버지들이었다.

윌리엄 맨체스터는 1940년 뒹케르크에서 있었던 일은 마치 기적과도 같았다고 그의 서사적 소설, 『마지막 사자』(The Last Lion)에서 썼다. 그리고 정말 기적처럼 영국군뿐만 아니라 118,000명의 다른 연합군들도 모두 구출되었다.

오늘날 그리스도인의 가정이 바로 뒹케르크에 있는 그 군인들과 흡사합니다. 많은 문제와 어려움 속에서 옴짝달싹하지 못하며 사기가 꺾여 누군가의 도움이 절실히 필요합니다. 그리스도인 공동체는 영국군대와 같은 처지일지도 모르겠습니다. 어떤 전문가들이 와서 자신의 가족을 구해주길 기다리고 있는 것처럼 보입니다. 하지만 문제는 전문가들만이 나서서 해결하기에는 너무 거대합니다.

그 지치고 상처 입은 가정을 구하기 위해서는 모든 사람들이 '항해'에 나서야 하는 전면적인 도움을 필요로 합니다. 능력의 하나님을 믿는 신앙을 가진 평범한 부부가 펼칠 도움의 손길이 필요합니다. 교회 안에 있는 부부는 너무나 오랫동안 다른 사람에게 영향을 주는 특권과 책임에 있어 전임 사역자의 사역에 기대어왔습니다. 이제 우리는 당신이 자신의 삶을 다른 사람에게 투자하기를, 그리하여 구조 작업에 동참하기를 독려합니다. 당신과 함께 세계 여러 곳의 부부들은 팀을 이루어 수천 쌍의 부부들과 그 가정을 세우고, 뿐만 아니라 자신의 부부관계와 가정도 계속해서 성장할 수 있습니다.

홈빌더가 되십시오

오늘 당신이 가정 안에서 변화를 가져올 수 있는 몇 가지 실질적인 방법들이 여기 있습니다.
- 3-5쌍의 부부 모임을 조직하여 그들이 이 홈빌더 시리즈를 함께할 수 있도록 인도한다. 교회나 이웃의 다른 부부들이 또 다른 홈빌더 모임을 만들 수 있도록 격려한다.

- 홈빌더 부부 시리즈의 다른 교재로 홈빌더 모임을 지속하고 계속적으로 성장한다.
- 이웃을 가정에 초대하여 식사를 하면서 부부의 신앙을 나눈다. 상황이 허락된다면, 선교를 위한 교재의 하나로 기독교 영화를 함께 볼 수 있다.
- cccFamilyLife를 비롯하여 가정사역을 하는 단체를 통해 훈련을 받고 자원봉사자로 섬길 수 있다.

우리의 문제에 대한 하나님의 답변

문제가 없는 부부는 없습니다. 의사소통의 문제거나 재정 문제이거나 성적인 친밀감의 어려움이거나, 모든 부부가 한두 가지의 문제는 다 가지고 있습니다. 부부의 사랑이 더욱 강해지도록 발전시키는 데에 중요한 것은 그런 문제들을 어떻게 다룰지를 배우는 것입니다.

큰 문제

하나의 기본적인 문제가 부부의 모든 다른 문제들의 중심에 있으며, 그것은 어떤 사람이 자신의 힘으로 다루기에는 너무 거대합니다. 그 문제는 바로 하나님과의 분리입니다. 자신의 인생과 결혼생활을 창조주의 설계대로 경험하고 싶다면, 당신을 창조하신 그 하나님과의 역동적인 관계가 필요합니다.

하지만 우리는 죄로 인해 하나님으로부터 떨어져 있습니다. 어떤 사람들은 더 나은 사람이 되기 위해 열심히 노력해서 죄의 문제를 해결하려 합니다. 그들은 화를 다스리는 방법에 관한 책을 읽거나, 탈세를 그만두겠다는 결심을 할 수도 있습니다.

하지만 마음속으로 그들은 알고 있습니다. 사실 우리 모두가 알지요. 죄의 문제는 나쁜 버릇 이상으로 뿌리가 깊게 박혀있으며, 그 버릇을 고쳐보려는 최선의 행위 그 이상의 노력이 필요하다는 것을 말입니다. 실제 우리는 하나님에게 반역하였습니다. 우리는 그분을 무시하였고 우리가 생각하기에 옳다고 생각하는 방식대로 살기로 했으며, 우리의 생각과 계획이 그분의 것보다 좋다고 여겼습니다.

"모든 사람이 죄를 범하였으매 하나님의 영광에 이르지 못하더니"(로마서 3:23).

"하나님의 영광에 이르지 못하더니"가 무슨 뜻일까요? 그것은 우리 중 그 어느 누구도 우리가 해야 할 마땅한 방식으로 하나님을 신뢰하고 귀히 여기지 않았다는 뜻입니다. 우리는 다른 것들로 자신을 만족시키려 했으며 그것들을 하나님보다 더 귀중하게 여겼습니다. 나 자신의 방식대로 살았습니다. 성경에 따르면, 우리는 우리 죄에 대한 값을 지불해야 마땅합니다. 하지만 우리가 선택한 방법대로는 하나님의 선한 목적을 이룰 수 없어 그저 하나님도 눈감아주실 것이라 바랄 뿐입니다. 자신의 계획을 따른다면 파멸로 이르게 됩니다.

"어떤 길은 사람이 보기에 바르나 필경은 사망의 길이니라"(잠언 14:12).

"죄의 삯은 사망이요"(로마서 6:23).

우리는 하나님의 사랑에서 분리되는 죗값을 치르게 됩니다. 하나님은 거룩하시고, 우리는 죄로 가득합니다. 아무리 노력해도 우리는 선한 삶을 산다거나 성경 말씀대로 행할 방법을 알지 못한 채, 그 죗값을 회피할 수 있기만을 바라고 있습니다.

죄에 대한 하나님의 해결책

감사하게도 하나님은 우리의 딜레마를 해결할 방법을 가지고 계십니다. 그분은 그의 아들 예수 그리스도를 이 땅에 사람으로 보내셨습니다. 예수님은 하나님의 계획에 완벽하게 순종하여 거룩한 삶을 사셨습니다. 예수님은 또 우리의 죄에 대한 값을 치르기 위해 십자가에서 죽는 삶을 기꺼이 선택하셨습니다. 예수님은 죽은 자 가운데서 부활하셔서 자신이 죄나 사망보다 더 능력 있으신 분임을 증명하셨습니다. 단 한 분 예수님만이 우리 죄에 대한 값을 뛰어넘는 힘을 가지고 있습니다.

"예수께서 이르시되 내가 곧 길이요 진리요 생명이니 나로 말미암지 않고는 아버지께로 올 자가 없느니라"(요한복음 14:6).

"우리가 아직 죄인 되었을 때에 그리스도께서 우리를 위하여 죽으심으로 하나님께서 우리에 대한 자기의 사랑을 확증하셨느니라"(로마서 5:8).

"죄의 삯은 사망이요 하나님의 은사는 그리스도 예수 우리 주 안에 있는 영생이니라"(로마서 6:23).

예수님의 죽으심과 다시 사심으로 우리 죄의 문제는 해결되었습니다. 그분은 하나님과 우리 사이에 벌어진 간격에 다리가 되어주셨습니다. 그분은 우리가 그분에게로 오도록 그리고 우리의 생명을 위해 불완전한 우리의 계획은 포기하라고 요청하고 계십니다. 그분은 우리가 그분을 신뢰하고 그분의 계획을 따르기를 원하십니다.

하나님의 해결책을 받아들이십시오

만약 당신이 하나님으로부터 분리되어있다는 사실을 깨달았다면, 하나님께서 당신이 자기 죄를 고백하도록 부르시는 것입니다. 우리 모두는 그분의 것이 아닌 우리의 생각과 계획을 고집스럽게 더 좋아했기 때문에 우리 인생을 엉망으로 만든 것입니다. 그 결과 우리는 하나님의 사랑과 보호로부터 떨어지게 되어도 마땅하게 되었던 것입니다. 하지만 하나님은 우리가 그분의 계획에 반역하였다는 사실을 인정하기만 한다면, 우리를 용서하시고 우리의 죄 문제를 고쳐주시겠다고 약속하셨습니다.

"영접하는 자 곧 그 이름을 믿는 자들에게는 하나님의 자녀가 되는 권세를 주셨으니"(요한복음 1:12).

"너희는 그 은혜에 의하여 믿음으로 말미암아 구원을 받았으니 이것은 너희에게서 난 것이 아니요 하나님의 선물이라 행위에서 난 것이 아니니 이는 누구든지 자랑하지 못하게 함이라"(에베소서 2:8-9).

성경에 나오는 그리스도를 영접한다는 말씀의 뜻은 우리가 자신이 죄인임을, 그리고 혼자 힘으로는 그 문제를 해결할 수 없음을 인정한다는 것입니다. 그것은 우리가 자신의 죄에서 돌아선다는 의미이며, 그리스도께서 우리 죄를 용서하시고 우리를 그분이 원하시는 사람으로 만들어주실 것을 믿는다는 의미입니다. 그리스도가 하나님의 아들임을 머리로 이해하는 것으로는 충분치 않습니다. 그분을 신뢰하고, 믿음으로 우리 인생에 대한 그분의 계획을 신뢰해야 합니다.

당신과 하나님의 관계는 올바르게 되어있습니까? 당신은 삶의 중심에 그분 그리고 그분의 계획을 가지고 있습니까? 혹시 자신의 방식을 찾다가 인생이 엇나가고 있지는 않습니까?

그동안 자신의 방식대로 노력해왔다 하더라도, 오늘 당신은 바꾸겠다고 결심할 수 있습니다. 그리스도께로 돌아가 그분이 당신의 인생을 변화시키도록 맡겨드릴 수 있습니다. 당신은 그저 그분에게 머리와 마음에서 일어나고 있는 것들을 말하면 됩니다. 한 번도 그렇게 해본 적이 없다면, 여기 아래에 적힌 단계를 그대로 따라 해 보십시오.

- 당신은 자신에게 하나님이 필요하다는 사실에 동의합니까? 그렇다면 하나님께 그렇다고 말씀드리십시오.
- 자기 자신의 계획대로 살다가 삶이 엉키게 되었습니까? 그렇다면 하나님께 그렇다고 말씀드리십시오.
- 하나님이 당신을 용서하시길 원하십니까? 그렇다면 하나님께 그렇다고 말씀드리십시오.
- 예수님이 십자가에서 죽으시고 죽은 자 가운데서 부활하셨기 때문에 당신의 죄 문제를 해결하시고 당신에게 영생이라는 선물을 그저 주실 권세가 그분에게 있다는 사실을 믿습니까? 그렇다면 하나님께 그렇다고 말씀드리십시오.
- 인생을 향한 하나님의 계획이 당신이 생각해낸 어떤 계획보다 더 탁월하다는 사실을 인정할 준비가 되었습니까? 그렇다면 하나님께 그렇다고 말씀드리십시오.
- 하나님이 당신 인생의 주인이 되실 권리를 갖고 계심에 동의합니까? 그렇다면 하나님께 그렇다고 말씀드리십시오.

"너희는 여호와를 만날 만한 때에 찾으라 가까이 계실 때에 그를 부르라"(이사야 55:6).

이제 이렇게 기도하십시오.

주 예수님, 나는 당신이 필요합니다. 십자가에서 죽으심으로 내 죄를 대속하여주셔서 감사합니다. 나는 당신을 나의 구주로 받아들입니다. 나의 죄를 용서하시고 영생을 주시니 감사합니다. 나를 주님이 원하시는 사람으로 만들어주세요.

그리스도인의 삶

그리스도의 제자(그리스도인)에게 죗값은 이미 완전히 지불되었습니다. 하지만 죄의 영향력은 우리 인생 내내 지속됩니다.

"만일 우리가 죄가 없다고 말하면 스스로 속이고 또 진리가 우리 속에 있지 아니할 것이요"(요한일서 1:8).

"내가 원하는 바 선은 행하지 아니하고 도리어 원하지 아니하는 바 악을 행하는도다"(로마서 7:19).

죄의 영향은 가정에서도 이어집니다. 그리스도인 부부가 아무리 하나님을 경외하는 견고한 부부관계를 유지하려고 노력한다 해도 그렇습니다. 대부분 부부들은 결국에는 자신들의 힘으로는 되지 않는다는 것을 깨닫습니다. 하지만 하나님의 도우심이 있으면 성공할 수 있습니다.
더 많은 것들을 알고 싶다면, kccc.org 또는 cccfamilylife.org에서 더 많은 다른 자료를 찾아보십시오.

cccFamilyLife 홈빌더 전략

cccFamilyLife는 1993년 시작되어 성경적 결혼과 가정문화를 세우기 위하여 다양한 세미나와 홈빌더 모임을 확산해가고 있습니다. 가정 사역에서 일회성 세미나가 가지고 있는 부족한 부분을 보완하기 위해 부부 성경공부 교재인 '홈빌더 시리즈'를 개발하여 부부들이 지속적으로 함께 공부하고 그것을 결혼생활과 자녀양육에 적용할 수 있도록 하는 '홈빌더 전략'을 실행하고 있습니다.

Homebuilder

홈빌더
결혼에 대한 성경적 청사진을 자신과 다른 가정에 적용하는 사람들

홈빌더 전략의 특징
- 결혼생활의 지속적인 육성이 가능한 교재와 전략을 가지고 있음
- 부부들이 실제적인 필요를 구체적으로 적용하게 함
- 효과적인 육성과 전도의 통로가 되어 교회 성장을 도움
- 교회나 소그룹에서 쉽게 활용할 수 있음

홈빌더의 장점
시작하기 쉽다. 성취하기 쉽다. 전수하기 쉽다. 관리하기 쉽다.

홈빌더 전략

홈빌더 순
- 부부의 친밀함 성장
- 부부가 서로 지지하고 격려받을 수 있는 기회
- 자녀 양육의 지혜를 배움
- 다른 부부와의 교제 및 전도의 기회

Seminar
- 데이트세미나
- 결혼에너지캠프
- 부부 세미나
- 자녀 양육 세미나

Direction

홈빌더를 통한 지상명령 성취
"가정마다 홈빌더를 세워 그리스도의 계절이 오게 하자."

서울시 종로구 부암동 36-1 cccFamilyLife
Tel : 02-397-6384   www.cccfamilylife.org   www.facebook.com / cccfamilylife